Maria Eigl

Schleifen binden leicht gemacht

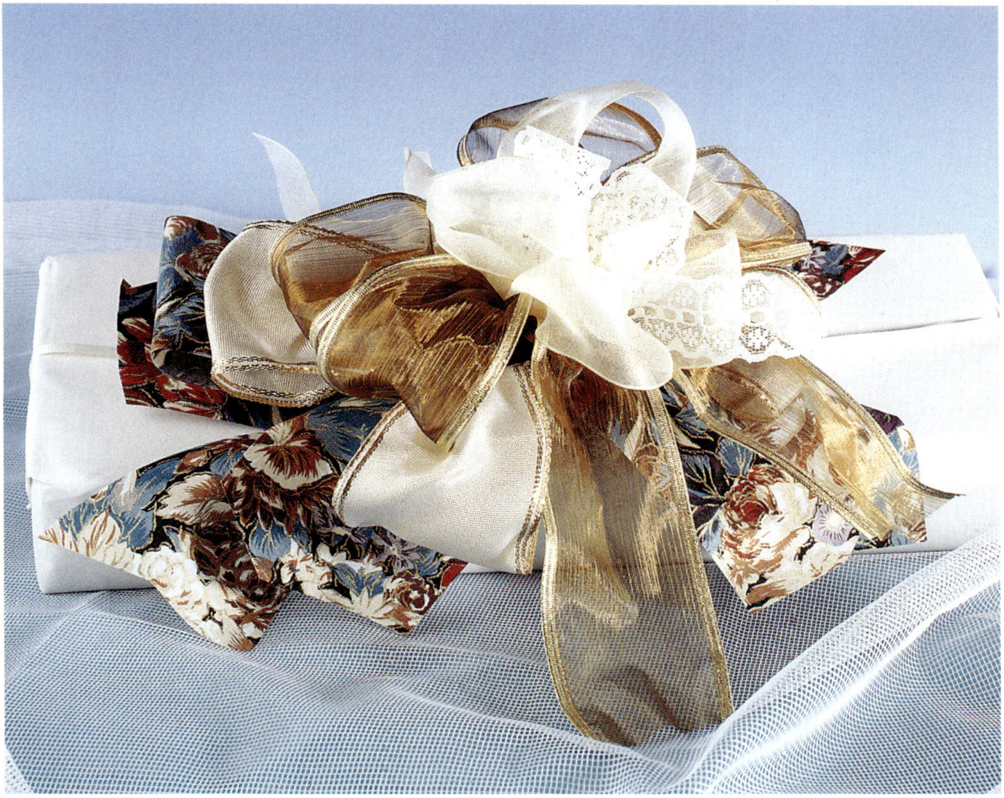

ENGLISCH VERLAG

Die Deutsche Bibliothek – CIP-Einheitsaufnahme

Schleifen binden leicht gemacht / Maria Eigl. – Wiesbaden: Englisch, 1998
ISBN 3-8241-0854-2

© by Englisch Verlag GmbH, Wiesbaden 1998
ISBN 3-8241-0854-2
Alle Rechte vorbehalten. Nachdruck, auch auszugsweise, verboten.
Titelbild: Frank Schuppelius; Fotos: Susanna Héraucourt-Multer, Frank Schuppelius
Herstellung: Michael Feuerer
Printed in Spain

Inhaltsverzeichnis

Vorwort

Eine Schleife ist bei vielen Geschenkverpackungen oder Dekorationen das Tüpfelchen auf dem „i". Aber für die meisten Bastler ist das Binden von Schleifen ein leidvolles Thema.

Aus den Schritt-für-Schritt-Anleitungen werden Sie mit Sicherheit die für sich geeignete Technik herausfinden können, sodass das Schleifenbinden kein Problem mehr sein wird. Die Verwendungszwecke sind hierbei sehr vielseitig, z.B. können Sie damit Geschenkverpackungen verschönern, den Weihnachtsbaum schmücken, Sie können Schleifen für Tischdekorationen und in der Floristik verwenden und alle hübschen Gegenstände dekorieren.

Bänder zum Schleifenbinden gibt es heute in sehr großer Auswahl, sodass Sie für jeden Zweck sicherlich das Richtige finden werden. Lassen Sie sich inspirieren und mit etwas Geduld und Übung haben Sie bald die nötige Perfektion erreicht. Viel Spaß und gutes Gelingen wünscht Ihnen

Ihre Maria Eigl

Material und Hilfsmittel

Zum Anfertigen der Schleifen benötigen Sie folgende Materialien und Hilfsmittel:
* Schleifenbänder mit oder ohne Drahtkante
* 0,3 bis 0,6 mm starken Bindedraht
* Schere
* Zange
* Maßband
* Klebepistole

Weitere Materialangaben finden Sie bei den jeweiligen Motiven.

Schritt-für-Schritt-Anleitungen

Grundtechnik 1

Schleife mit zwei Schlaufen

Zum Binden einer einfachen Schleife mit zwei Schlaufen benötigen Sie ein ca. 0,5 m langes Stück Band und einen dünnen Draht.

Nehmen Sie die beiden Bandenden mit einem Abstand von ca. 10 cm zu den Enden hin in beide Hände und legen Sie diese gekreuzt übereinander. Führen Sie die Mitte der entstandenen Schlaufe zu dem Kreuz hin und legen Sie den Bindedraht quer darüber.

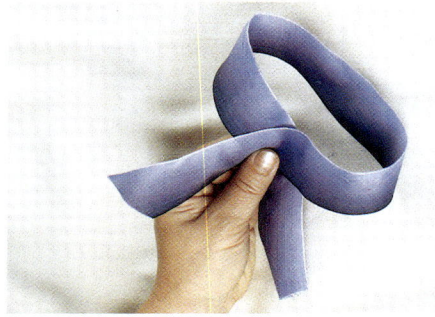

1

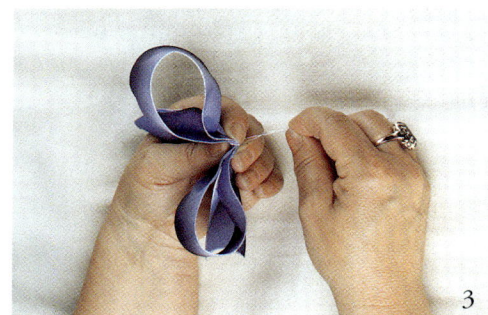

3

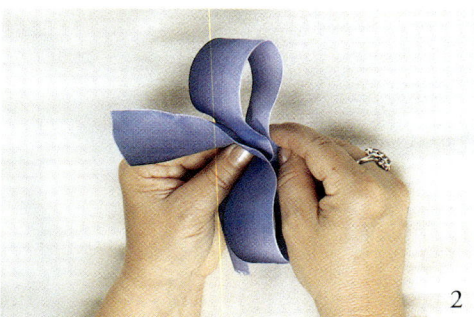

2

4

Nun biegen Sie die Drahtenden nach hinten zusammen, legen den rechten Zeigefinger zwischen die Drahtenden und drehen die Schleife mit der anderen Hand so lange zusammen, bis der Draht von vorne nicht mehr zu sehen ist und die Schleife einen guten Stand hat.

Doppelte Schleife mit vier Schlaufen

Für eine Schleife mit vier Schlaufen benötigen Sie ein etwa 1 m langes Schleifenband. Nehmen Sie die beiden Bandenden mit einem Abstand von ca. 30 cm zu den Enden hin in beide Hände und legen Sie diese gekreuzt übereinander. Führen Sie die Mitte der entstandenen Schlaufe zu dem Kreuz, so entstehen zwei Schlaufen. Halten Sie die Schleife in der Mitte mit der linken Hand fest. Nehmen Sie das oben liegende Bandende und führen Sie es unter der Schleife entlang zur Mitte, sodass eine weitere Schlaufe

entsteht. Verfahren Sie mit dem zweiten Ende genauso. Schieben Sie das Band nun in der Mitte des Kreuzes etwas zusammen und legen Sie den Draht quer darüber. Jetzt biegen Sie die Drahtenden nach hinten zusammen, legen den Zeigefinger zwischen die beiden Drähte und drehen die Schleife so lange zusammen, bis der Draht vorne nicht mehr sichtbar ist und die Schleife einen schönen Stand hat.

3

1

4

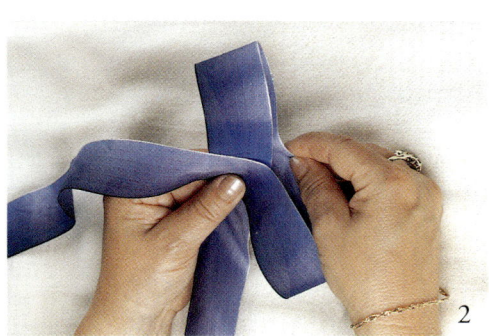

2

5

Grundtechnik 2

Mit dieser Technik können Sie sowohl Schleifen mit zwei als auch mit vier Schlaufen binden. Halten Sie ein kurzes Ende des Bandes zwischen Daumen und Zeigefinger, legen Sie eine Schlaufe nach hinten und halten Sie

4

1

5

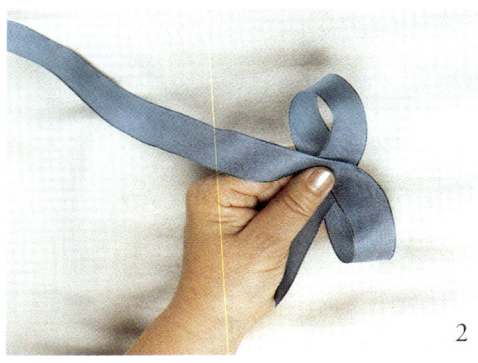

2

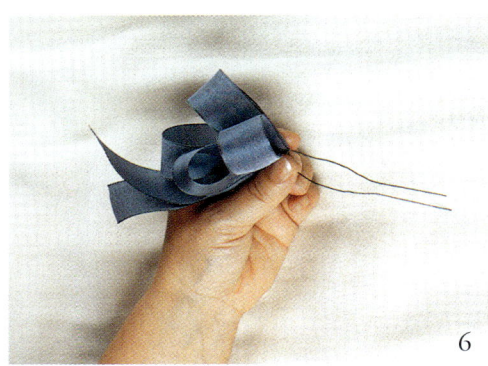

6

3

sie fest. Legen Sie nun das Band von unten nach oben zur Mitte und halten Sie es wieder fest. Jetzt haben Sie eine Schleife mit zwei Schlaufen, die Sie mit einem Draht fixieren können.

Wenn Sie eine Schleife mit vier Schlaufen binden wollen, wird erneut eine Schlaufe

7

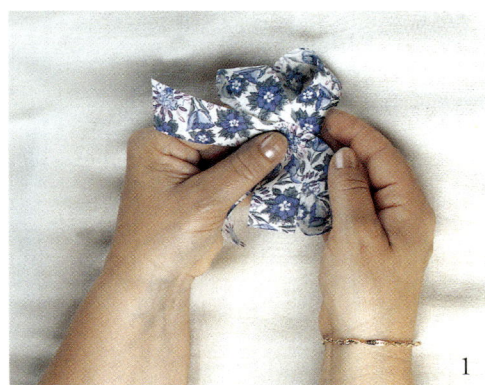

1

sechs Schlaufen gehen Sie in der gleichen Weise vor, hier wird jedoch auf die erste Schleife eine Schlaufe aus zwei Schlaufen gelegt und mit Draht zusammengebunden.

2

nach hinten gelegt und das Ganze wieder festgehalten.

Legen Sie das Band von unten nach oben zur Mitte und halten Sie es fest.

Zuletzt wird ein Stück Draht quer über die Mitte gelegt und die beiden Enden nach hinten wie eine Haarnadel zusammengeführt. Drücken Sie Ihren Zeigefinger von unten auf die Schleife, indem Sie zwischen die beiden Drahtenden greifen. Fassen Sie die Schleife mit der anderen Hand oben zusammen und drehen Sie sie einige Male.

Schleife mit sechs und acht Schlaufen

Legen Sie eine Schleife mit vier Schlaufen, wie in der Grundtechnik 1 beschrieben, und halten Sie diese in der Mitte mit einer Stecknadel fest. Nun binden Sie eine weitere vierschlaufige Schleife aus einem andersfarbigen Band und legen diese auf die Mitte der vorher gebundenen Schleife. Die Stecknadel wird wieder herausgezogen, der Draht quer über beide Schleifen geführt und nach hinten gebogen. Legen Sie den Zeigefinger zwischen die Drahtenden und drehen Sie mit der anderen Hand die Schleife so lange, bis der Draht vorne nicht mehr zu sehen ist und die Schlaufe einen festen Stand hat. Bei einer Schleife mit

3

Bindetechnik ohne Draht

Bei dieser Technik können Sie beliebig viele Schleifen aufeinander binden. Das Zusammenbinden erfolgt hierbei nicht mit Bindedraht, sondern mit einem 3 mm breiten Satinband oder mit einem ebenso breiten Geschenkziehband. Von diesem Band benötigen Sie etwa 70 cm.

Legen Sie, wie in der Anleitung Grundtechnik 1 oder Grundtechnik 2 beschrieben, eine Schleife und legen Sie das dünne Band der Länge nach auf den Tisch. Auf die Mitte die-

ses Bandes legen Sie die gebundene Schleife mit vier Schlaufen, schieben dann die gekreuzte Mitte etwas zusammen und halten diese mit Mittel- und Ringfinger fest. In der einen Hand halten Sie die eine Hälfte des schmalen Bandes zwischen Daumen und Zeigefinger, in die noch freie Hand nehmen Sie das andere Ende und binden damit einen doppelten Knoten.

So können einige Schleifen ohne Mühe aufeinander gebunden werden. Zum Schluss führen Sie das Satinband nach unten und verknoten es dort zweimal. Diese Schleifen können überall Verwendung finden und ohne Mühe befestigt werden.

1

3

2

4

Bindetechnik auf Gegenständen

Die Länge des Bandes kann bei dieser Schleife sehr unterschiedlich sein. Sie hängt von der Breite des Bandes, dem Umfang des zu umbindenden Gegenstandes und der Größe der Schleife ab. Legen Sie das Band um den Gegenstand, sodass das Ende auf der rechten Seite etwas länger übersteht. Nun werden die Enden einmal miteinander verschlungen, wobei das rechte Bandende über das linke geführt wird. Das rechte Band befindet sich nun links oben. Legen Sie mit dem jetzt rechten Bandteil eine Schlaufe nach links und dann von oben das andere Bandende darüber. Mit diesem wird eine Schlaufe zwischen dem ersten und zweiten Knoten gesteckt. Ziehen Sie die Schlaufe zurecht und schneiden Sie die Bandenden zum Schluss gleichmäßig ab.

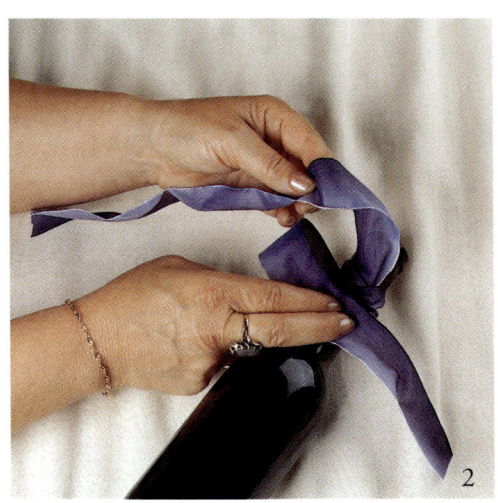

Geschenke und Geschenkverpackungen

Geschenkdose mit Bär

Material

* 1 ovale Dose, 15 x 10 cm
* 1 kleiner Teddybär
* 2,5 m dünne Kordel
* 0,5 m gedrehte Kordel, 4 mm stark
* 2 x 0,8 m Schleifenband in Blau, 40 mm breit
* 0,8 m gemustertes Schleifenband, 25 mm breit

Anleitung

Verschnüren Sie die Dose mit der dünnen Kordel so, dass sich oben zwei gleich lange Enden ergeben. Legen Sie gemäß der Grundanleitung (S. 6) zwei blaue und eine gemusterte Schleife mit je vier Schlaufen und binden Sie diese nacheinander mit der Kordel fest. Zum Schluss legen Sie noch mit der dickeren Kordel eine Schleife mit zwei Schlaufen und befestigen sie daran. Dann wird mit Heißleim eine kleine Figur aufgesetzt.

Geschenkschleife in Apricot

Material

- 1 m Schleifenband in hellem Apricot, 40 mm breit
- 1 m Schleifenband in dunklem Apricot, 40 mm breit
- 1 m Schleifenband in Lachs, 40 mm breit
- 1 m Schleifenband in Hellrosa, 40 mm breit
- 1 m Schleifenband in Apricot, gemustert, 40 mm breit
- 1 m naturfarbenes Geschenkband, 6 mm breit

Anleitung

Diese Schleife ist das „i"-Tüpfelchen auf jedem Geschenk. Alle 5 Schleifen werden in 4 Schlaufen gelegt und nach der Anleitung „Bindetechnik ohne Draht" (s. S. 10) gebunden. Zum Zusammenbinden der Schleifen verwenden Sie das Geschenkband.

Schleife mit gelben Blüten

Material

❖ 1,2 m Juteband in Lindgrün, 70 mm breit
❖ 1 m Schleifenband in Hellgrün, 40 mm breit
❖ 1 m Schleifenband in Blau gemustert, 40 mm breit
❖ 1 m naturfarbenes Geschenkband, 6 mm breit
❖ 1 Blumenpick

Anleitung

Legen Sie drei Schleifen mit vier Schlaufen und binden Sie sie nach der Anleitung „Bindetechnik ohne Draht" (siehe Seite 10) zusammen. Die Blumen werden dekorativ in die Schleifen eingebunden oder mit der Heißklebepistole befestigt.

Mohnblumenschleife

Material

- ❖ 1,2 m Juteband in Rot, 70 mm breit
- ❖ 1,2 m Schleifenband in Grün, 40 mm breit
- ❖ 1,2 m Schleifenband mit Mohnblumen, 40 mm breit
- ❖ 1,2 m naturfarbenes Geschenkband, 60 mm breit

Anleitung

Legen Sie Schleifen mit vier Schlaufen aus dem Juteband, aus dem grünen Schleifenband und dem Mohnblumenband und binden Sie sie nach der Anleitung „Bindetechnik ohne Draht" (siehe S. 10) mit dem Geschenkband zusammen.

Bunte Geschenkschleife

Material

❖ 1,2 m Juteband in Rot, 70 mm breit
❖ 1,2 m Schleifenband in Grün,
  40 mm breit
❖ 1,2 m Schleifenband in Creme,
  40 mm breit
❖ 1,2 m buntes Schleifenband, 40 mm breit
❖ 1 m naturfarbenes Geschenkband,
  6 mm breit

Anleitung

Aus den vier Bändern werden jeweils Schleifen mit vier Schlaufen gelegt und jede einzeln nach der Anleitung „Bindetechnik ohne Draht" mit dem naturfarbenen Geschenkband (siehe S. 10) zusammengebunden.

Schleife in Grün-Violett

Material

* 1 m Schleifenband in Grün, 40 mm breit
* 1 m gemustertes Schleifenband in Violett, 40 mm breit
* 1 m Schleifenband in Violett, 25 mm breit
* 0,3 m Schleifenband in Hellgrün, 40 mm breit

Anleitung

Diese Schleife können Sie als Tischdekoration oder für eine hübsche Geschenkverpackung verwenden. Binden Sie drei Schleifen mit je vier Schlaufen gemäß der Grundanleitung auf S. 6 und halten Sie diese mit Stecknadeln zusammen. Legen Sie die Schleifen der Reihe nach aufeinander und binden Sie sie mit Draht zusammen.

Edle Geschenkschleife

Material

❖ 1,5 m gemustertes Schleifenband, 70 mm breit
❖ 1,2 m Schleifenband in Creme-Gold, 60 mm breit
❖ 1,2 m Schleifenband in Kupfer-Gold, 60 mm breit
❖ 1,2 m Schleifenband in Creme, 40 mm breit
❖ 1 m Spitzenband in Creme, 25 mm breit
❖ 1 m Geschenkband in Creme, 5 mm breit

Anleitung

Legen Sie von dem gemusterten Band 2 x 30 cm quer übereinander und binden Sie die Stücke mit Geschenkband zusammen. Binden Sie darauf eine Schleife mit zwei Schlaufen aus dem gleichen Band. Auf diese Schleife binden Sie nacheinander Schleifen mit vier Schlaufen in der Reihenfolge Creme-Gold, Kupfer-Gold, Creme, Spitzenband. Arbeiten Sie nach der Anleitung „Bindetechnik ohne Draht" auf Seite 10.

Haarschleife

Material
❧ 1 Haarspange
❧ Heißleim
❧ Draht
❧ 0,8 m Scheifenband
   in Dunkelblau,
   40 mm breit
❧ 0,5 m gemustertes
   Schleifenband,
   40 mm breit

Anleitung
Trennen Sie von dem dunkelblauen Band ein 0,6 m langes Stück ab, legen Sie daraus eine Schleife mit zwei Schlaufen und halten Sie sie mit einer Stecknadel. Aus dem gemusterten Band legen Sie ebenfalls eine zweischlaufige Schleife, die Sie zusammenstecken. Diese Schleife ist etwas kleiner und wird auf die dunkelblaue Schleife gelegt.
Falten Sie nun 10 cm dunkelblaues Band der Länge nach, legen Sie es quer über die Schleife und kleben Sie die Enden hinten mit Heißleim übereinander. Bei dem Rest des dunkelblauen Bandes schlagen Sie oben am Rand 1 cm um und kleben ihn fest. Nun kleben Sie dieses Band in der Mitte unter die Bandenden. Sie können die Bandenden auch zusammenkleben, damit sie besser ihre Form behalten.

Raumdekorationen

Rebenstecker Gans

Material

- ✤ 1 Rebenstecker „Gans"
- ✤ je 5 Blüten in Blau und Orange
- ✤ 2 Zierblätter
- ✤ Nussgras
- ✤ Bast
- ✤ Heu
- ✤ 1,5 m naturfarbenes Leinenband, 40 mm breit
- ✤ 2 m grünkariertes Schleifenband, 10 mm breit

Anleitung

Binden Sie zwei Sträußchen aus jeweils 5 Blumen in Gelb und Blau und drahten Sie Heu, Bast und Nussgras zu Büscheln.

Entfernen Sie von den Blättern die Stiele. Teilen Sie beide Bänder in der Mitte und fertigen Sie zwei identische Schleifen, indem Sie aus dem Leinenband eine Schleife mit zwei Schlaufen legen und aus dem grünkarierten Band eine Schleife mit vier Schlaufen (siehe Seite 6).

Binden Sie die beiden Schleifen mit Draht zusammen. Kleben Sie die Blumen, den Bast und das Heu, das Nussgras und die Blätter an den Rebenstecker. Die Schleifen werden auf beiden Seiten des Steckers mit Heißleim angeklebt.

Zierschale in Türkis-Blau

Material

- Metallgestell mit Keramik-schale
- 1 Rebenkugel
- 1 Blume in Blau
- 2 Palmspeerzöpfe in Gold
- etwas Myrthe
- Beerenpicks in Gold
- Messingdraht
- Schleifenband
- 2 m Schleifenband in Blau, 40 mm breit
- 2 m Schleifenband in Türkis, 25 mm breit

Anleitung

Kleben Sie die Rebenkugel mit Heißleim in die Keramikschale. Biegen Sie die Blume in Form und kleben Sie diese auf dem Rand der Schale fest. Ein Palm-speerzopf wird bogenförmig oberhalb der Kugel entlangge-führt und angeklebt. Der zweite Palmspeerzopf wird so befestigt, dass er sich vom Schalenrand aus spiralförmig um einen Me-tallfuß windet. An den Stellen, an denen er die Schale bzw. den Metallfuß berührt, wird er eben-falls mit Heißleim befestigt.

Kleben Sie die Myrthe gruppen-weise dazwischen, legen Sie den dünnen Messingdraht locker über die Kugel und kleben Sie ihn an den Enden fest. Befestigen Sie die drei Beeren-picks so am Draht, dass sie nach unten hän-gen. Schneiden Sie von den beiden Bändern 80 cm ab, legen Sie sie gedreht über die Ku-gel und befestigen Sie sie seitlich. Die Enden lassen Sie unterschiedlich lang nach unten hängen. Zuletzt kleben Sie auf die eine Seite je eine Schleife mit zwei Schlaufen in Blau und in Türkis und auf die andere Seite eben-falls eine Schleife in beiden Farben, jedoch mit vier Schlaufen (siehe Anleitung S. 6).

Dekorationskugel

Material

- 1 teilbare Kunststoffkugel (∅ 12 cm)
- etwas Flower-Hair in Gold
- 2,2 m Schleifenband in Türkisblau, 25 mm breit
- 1 m Spitzenband in Creme, 25 mm breit
- 3 m Schleifenband in Gold, 10 mm breit
- 2 m Perlschnur in Gold

Anleitung

Legen Sie das Flower-Hair in die Kugel. Zum Aufhängen der Kugel verwenden Sie ca. 1 m Goldband, das Sie an der Öse befestigen.

Schneiden Sie das türkisblaue Band in zwei Stücke von 1 m und 1,2 m Länge und binden Sie zwei Schleifen mit je vier Schlaufen. Kleben Sie die Schleifen an der Oberseite der Kugel mit Heißleim gegeneinander. Aus dem Spitzenband binden Sie zwei Schleifen mit zwei Schlaufen und kleben diese zwischen die beiden ersten Schleifen. Als dritte Schleife binden Sie aus der Perlschnur eine Schleife mit vier Schlaufen, die ebenfalls noch in die Mitte der beiden türkisfarbenen Schleifen geklebt wird.

Aus dem Goldband werden zwei Schleifen mit vier Schlaufen gebunden und zwischen den übrigen Schleifen gegeneinander geklebt. Binden Sie die Schleifen nach der Grundanleitung auf Seite 6.

Tischdekorationen

Seidenblumen mit Schleife

Material
❖ 1 Seidenblumenpick in Rosa
❖ 1 m Schleifenband in Rosa, 40 mm breit
❖ 1 m Schleifenband in Creme, 40 mm breit
❖ 0,5 m Satinband in Altrosa, 6 mm breit

Anleitung
Biegen Sie die Seidenblumen und -blätter auf. Legen Sie das rosafarbene Band nach einer der Grundtechniken zu einer Schleife mit vier Schlaufen und halten Sie diese mit einer Stecknadel zusammen.

Die nächsten zwei Schleifen werden ebenfalls nach dem gleichen Prinzip gebunden. Danach legen Sie alle Schleifen aufeinander und drehen sie mit einem Draht zusammen. Die fertig gebundene Schleife wird unten an der Seidenblume mit Heißleim festgeklebt.

Sommerkorb

Material

- 1 kleiner Korb
- etwas Hafer und Ähren
- 1 Sonnenblumenpick
- 1 Deko-Apfel
- 0,6 m Juteband, 40 mm breit
- 0,3 m gemustertes Schleifenband, 40 mm breit
- 0,6 m Schleifenband in Grün, 25 mm breit
- etwas Bast und Heu

Anleitung

Kleben Sie das Getreidebündel in die Mitte des Korbes, darauf die Sonnenblumen, den Apfel und auf die Seite das Heubündel. Binden Sie aus dem Juteband eine Schleife mit zwei Schlaufen, ebenso aus dem grünen Band. Aus dem gemusterten Band binden Sie eine Schleife mit einer Schlaufe. Alle drei Schleifen werden aufeinander gelegt, mit einem Draht fest zusammen gebunden und anschließend mit Heißleim in den Korb geklebt.

Binden Sie zuletzt den Bast zusammen und kleben Sie ihn in die Mitte der Schleife. Binden Sie die Schleife nach der Grundanleitung auf Seite 6.

Flasche mit Schleifendekoration

Material
❀ 2 m Schleifenband in Blau, 40 mm breit
❀ 1 m Schleifenband in Creme, 40 mm breit
❀ 1 m Spitzenband in Creme, 25 mm breit

Anleitung
Teilen Sie das blaue Band in der Mitte und knoten Sie das eine Stück so um den Flaschenhals, dass die Enden gleich lang sind.

Mit diesen werden die anderen Schleifen angebunden. Legen Sie nacheinander zuerst das blaue, das cremefarbene und das Spitzenband nach der Anleitung „Bindetechnik ohne Draht" (siehe S. 10) in Schleifen mit vier Schlaufen. Binden Sie alles mit den Enden des blauen Bandes zusammen, indem Sie mit diesem zum Abschluss noch eine Schleife binden.

Hochzeitsschleife

Material

- 0,6 m weiß-getupftes Tüllband, 100 mm breit
- 2 x 1,2 m Schleifenband in Weiß, 40 mm breit
- 2 x 1 m Spitzenband in Weiß, 25 mm breit
- 1 m Spitzenband in Weiß, 25 mm breit
- 1 m Schleifenband in Weiß, 6 mm breit
- 1 m Perlschnur in Weiß, 4 mm stark
- 0,3 m Mini-Buchs-Girlande

Anleitung

Alle Schleifen werden vierfach nach der Anleitung „Bindetechnik ohne Draht" gebunden. Das Tüllband wird in zwei gleich große Stücke geschnitten, in der Mitte über Kreuz gelegt, etwas zusammengerafft und anschließend mit dem dünnen Band festgebunden. Dann binden Sie nacheinander die beiden weißen Schleifen (40 mm breit), die drei Schleifen mit dem Spitzenband und die Perlschnur einzeln auf.

Nachdem die letzte Schleife aufgebunden ist, wird der Rest des Bindebandes auf der Unterseite zweimal verknotet.

Teilen Sie den Buchs in zwei Hälften und biegen Sie zwei gleich große Ringe daraus, die an den Enden des schmalen Bandes angebunden werden.

Tischband mit Herzen und Schleifen

Material für eine Schleife

✤ 0,3 m Lerchengirlande
✤ 1 m grün-goldkariertes Schleifenband, 40 mm breit
✤ Tischband je nach Länge des Tisches gemessen

Anleitung

Legen Sie das Tischband auf den Tisch. Biegen Sie aus der Lerchengirlande ein Herz. Binden Sie gemäß der Grundanleitung 1 (S. 6) eine Schleife mit vier Schlaufen mit Draht zusammen. Verdrahten Sie das Herz mit der Schleife und befestigen Sie die Dekoration mit Stecknadeln an der Tischdecke.

Tür- und Wanddekorationen

Türkranz

Material

- 1 Kranz, 30 cm ⌀
- 2 Marienkäfer aus Holz
- 3 kleine Herzen aus Holz
- 1 m dünne Jutekordel
- 1,5 m Schleifenband in Grün, 40 mm breit
- 1,5 m kariertes Schleifenband, 40 mm breit
- 0,7 m Schleifenband in Creme, 25 mm breit
- 1 m Schleifenband in Grün, 25 mm breit, für die Aufhängung

Anleitung

Der Kranz kann aus den verschiedensten Materialien bestehen. Befestigen Sie zuerst die Aufhängung und verknoten Sie diese am Ende. Dann legen Sie aus dem grünen und dem karierten Band zwei Schleifen mit je vier Schlaufen und aus dem cremefarbenen Band eine Schleife mit zwei Schlaufen. Halten Sie diese vor dem Zusammenbinden mit einer Stecknadel fest. Die Schleifen werden der Reihe nach aufeinander gelegt, wobei Sie noch die zwei Stücke Kordel zwischenlegen. Binden Sie dann alles mit einem Draht zusammen. Schneiden Sie die Drahtenden hinten ab und kleben Sie die Schleife mit Heißleim auf die untere Mitte des Kranzes. Versehen Sie die Kordelenden noch mit drei Knoten in verschiedenen Höhen und kleben Sie ebenfalls mit Heißleim die Holzherzen darauf.

Mit zwei Marienkäfern dekoriert schmückt solch ein Kranz jede Haustür.

Hut mit Schleife

Material

- 1 Strohhut, 22 cm ⌀
- 0,4 m Borte in Hellblau
- 0,7 m Schleifenband mit Drahtkante in Türkis, 40 mm breit
- 0,7 m Schleifenband mit Drahtkante in Altblau, 40 mm breit
- 0,7 m Schleifenband mit Drahtkante in Grünblau, 40 mm breit
- 0,7 m Schleifenband mit Drahtkante in Violett, 40 mm breit

Anleitung

Kleben Sie zuerst die Borte mit Heißleim auf die Kante zwischen Kopfteil und Krempe des Sonnenhutes.

Binden Sie nacheinander die vier Schleifen mit je zwei Schlaufen und halten Sie diese mit Stecknadeln zusammen. Jetzt legen Sie alle Schleifen aufeinander und binden sie mit einem Draht fest. Kleben Sie die fertige Schleife auf den Hut auf. Binden Sie die Schleifen wie auf Seite 6 beschrieben.

Weihnachtliche Türschleifen

Material für das rote Band
❖ 1,5 m Juteband in Rot, 70 mm breit
❖ 2 m helles Juteband mit Sternen,
   40 mm breit
❖ etwas Bast
❖ zwei naturfarbene Holzherzen
❖ 2 Sternanis
❖ 2 Holzschneemänner

Material für das naturfarbene Band
❖ 1,5 m naturfarbenes Juteband,
   70 mm breit
❖ 2 m naturfarbenes Juteband mit Sternen,
   40 mm

❖ etwas Bast
❖ 2 Tannenbäume
❖ 2 Sternanis
❖ 2 Holzherzen in Weinrot

Anleitung
Binden Sie gemäß der Grundanleitung (s. S. 6) aus dem breiten Band eine Schleife mit zwei Schlaufen und aus dem schmalen Band eine Schleife mit vier Schlaufen. Verbinden Sie die Schleifen mit Draht und verdecken Sie die Bindestellen mit einem Stück des schmaleren Bandes. Kleben Sie anschließend noch die Zierteile mit Heißleim auf.

Weihnachtsglocke

Material

* 1 Glocke aus beliebigem Naturmaterial
* 1 Beerenpick
* etwas Bast und grüne Äste
* 1 m rotgold kariertes Band,
  40 mm breit
* 1 m Goldkordel

Anleitung

Befestigen Sie die Kordel als Aufhängung an der Glocke. Kleben Sie die Beeren, die grünen Äste und den Bast mit Heißleim fest. Anschließend binden Sie eine Schleife mit vier Schlaufen gemäß der Grundanleitung (s. S. 6), die Sie ebenfalls festkleben.